L'Uomo e la Natura

Intervista con
Sri Mata Amritanandamayi
su questioni ambientali

Mata Amritanandamayi Center, San Ramon
California, Stati Uniti

L'Uomo e la Natura

Pubblicato da
    Mata Amritanandamayi Center
    P.O. Box 613
    San Ramon, CA 94583
    Stati Uniti

———— *Man and Nature (Italian)* ————

Copyright 1997 @ Mata Amritanandamayi Mission Trust, Amritapuri, Kerala 690546, India.

Tutti i diritti riservati. Ogni riproduzione, archiviazione, traduzione o diffusione, totale o parziale, della presente pubblicazione, con qualsiasi mezzo, con qualsiasi scopo e nei confronti di chiunque, è vietata senza il consenso scritto dell'editore.

Prima edizione a cura del MA Center: agosto 2016

In Italia: www.amma-italia.it

In India:
    inform@amritapuri.org
    www.amritapuri.org

Prefazione

La vita ci insegna che l'esperienza è la migliore forma di educazione. I veri Maestri sono quelli che risvegliano la conoscenza che già esiste dentro di noi e che ci ricordano che conoscere senza mettere in pratica il proprio sapere equivale a non conoscere. Il modo inimitabile di Amma di trasformare la nostra conoscenza in azione scaturisce dal suo ricordarci in modo amorevole che "La religione è qualcosa che va vissuto".

La religione è un tentativo di cancellare la nostra falsa percezione dell'ego e di rimuovere dalle nostre vite il senso di dualità, questa distinzione artificiale tra l'ego e tutto il resto. Lo stesso senso dell'ego che ci impedisce di essere compassionevoli verso gli altri esseri umani, credendo erroneamente di esserne separati, ci permette anche di distruggere l'ambiente perché non ci rendiamo conto di farne parte. Molte persone agiscono ancora come se l'ambiente fosse un qualche territorio situato tra remote foreste o sulle montagne, invece che il luogo in cui tutti noi o le creature che lo abitano vivono. Amma dice che "Negare l'esistenza di Dio è negare la propria esistenza". Tale affermazione vale

L'Uomo e la Natura

anche per la Natura, che è Dio in forma visibile. Sebbene molti ritengano che il compito dell'uomo sia quello di conquistare la Natura, tale intento ci ha trasformati nei peggiori nemici di noi stessi. Noi siamo parte della Natura, la sua continua capacità di proteggerci e di nutrirci dipende dalla nostra abilità di riequilibrare il nostro rapporto con la Terra e con tutte le sue creature.

Le parole di Amma sono un appello a riscoprire l'atteggiamento non egoistico che dorme dentro di noi. Anche la Natura ci sta chiamando, ma ultimamente le sue grida sono diventate più stridenti, perché gli esseri umani stanno compromettendo sempre di più la sua capacità di rinnovarsi. Essere parte della Natura significa che noi stessi siamo l'ambiente, dobbiamo cominciare a capire che i bisogni della Terra sono i nostri stessi bisogni.

Non occorre aggiungere altro all'analisi di Amma sulla Natura e sul nostro ruolo su questo pianeta. Questo non ci deve sorprendere, data l'inseparabilità di Dio dalla Natura, poiché essi sono davvero un'unica e identica cosa. Negare la Natura diminuisce il nostro spirito e la nostra capacità di essere liberi. La calma che cerchiamo in noi è la stessa calma che pervade le foreste, gli oceani e le vette delle montagne. Così come abbiamo

Prefazione

bisogno di concentrarci e sforzarci per calmare il nostro tumulto interiore e trovare la pace, allo stesso modo dobbiamo agire per riparare i danni fatti alla Natura. Servire la Terra e le sue creature equivale a servire Dio. Rinnoviamo la nostra fede al servizio della Terra.

Sam La Budde
Direttore del Progetto "Specie in via d'estinzione"
Earth Island Institute
San Francisco, California

*"Solo con l'amore e la compassione
è possibile proteggere e
preservare la Natura".*

L'Uomo e la Natura

Le pagine che seguono contengono le risposte di Amma ad alcune domande su questioni ambientali rivoltele da Sam La Budde, uno dei maggiori ecologisti degli Stati Uniti.

Indice

Domanda: Qual è la relazione tra l'uomo e la Natura? 9

Domanda: Qual è il ruolo della religione nel rapporto tra l'uomo e la Natura? 11

Domanda: Che cosa ha provocato la rottura del rapporto tra la Natura e gli esseri umani? 19

Domanda: Qual è il legame tra le pratiche spirituali e la protezione della Natura? 24

Domanda: Quanto è grave la questione ambientale? 27

Domanda: Gli esseri umani stanno diventando una minaccia per l'esistenza della vita sulla Terra? 33

Domanda: È necessario dare ai bisogni degli uomini più importanza che alla Natura? 35

Domanda: Quali sono i passi che la società dovrebbe compiere per evitare la distruzione della Natura e degli animali? 36

Domanda: Le foreste sono una parte indispensabile della Terra? 38

Domanda: È consigliabile chiedere aiuto ai Maestri spirituali senza prima cercare di risolvere da soli i problemi attuali? 39

Domanda: Qual è la relazione tra l'uomo e la Natura?

AMMA: Figli miei, l'uomo non è diverso dalla Natura, ne fa parte. L'esistenza stessa dell'umanità sulla Terra dipende dalla Natura. In verità, non siamo noi che proteggiamo la Natura, ma è lei che protegge noi. Gli alberi e le piante, per esempio, sono indispensabili per purificare l'energia vitale. Tutti sanno che noi non possiamo vivere nel deserto perché non vi sono alberi che possono purificare l'atmosfera. Se questo non avviene, la salute degli esseri umani si deteriora, la durata della vita si accorcia, ci si ammala più facilmente, il corpo s'indebolisce e anche la vista peggiora, fino ad arrivare, in alcuni casi, alla cecità. Le nostre vite sono intimamente connesse con la Natura: ogni minima variazione nell'ambiente ha delle ripercussioni sulla nostra esistenza su questo pianeta. In modo simile, i nostri pensieri e azioni hanno un impatto sulla Natura. Se si perde l'equilibrio nella Natura, si perderà anche l'armonia nella vita umana, e viceversa.

Il legame principale che unisce gli uomini alla Natura è la loro innata innocenza. Quando vediamo un arcobaleno o le onde dell'oceano, proviamo ancora la gioia innocente dei bambini? Un adulto che vede l'arcobaleno in termini di rifrazione di onde luminose non conoscerà mai la gioia e la meraviglia di un bimbo che guarda un arcobaleno o le onde dell'oceano.

La fede in Dio è la via migliore per mantenere in noi questa innocenza infantile. Chi ha fede e devozione per Dio, qualità che derivano dalla sua innata innocenza, vede Dio in ogni cosa, in ogni albero o animale, in ogni aspetto del creato. Questa attitudine gli consente di vivere in perfetta armonia e sintonia con l'ambiente. La corrente ininterrotta d'amore che fluisce da un vero devoto verso tutta la creazione ha un effetto dolce e rasserenante sulla Natura. Questo amore è la migliore protezione per l'ambiente.

Quando il nostro egoismo aumenta, iniziamo a perdere l'innocenza, ci alieniamo dalla Natura e iniziamo a sfruttarla. Non siamo consapevoli di quale terribile minaccia stiamo diventando per la

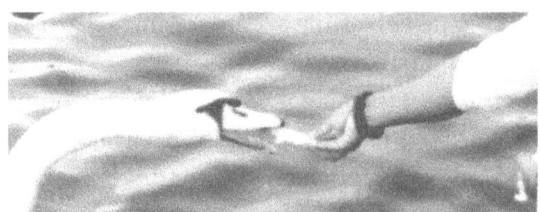

sua esistenza. Maltrattando l'ambiente, l'umanità prepara il terreno per la propria distruzione.

Con la crescita dell'intelletto e della conoscenza scientifica, l'uomo non dovrebbe dimenticare i sentimenti che nascono dal cuore e lo rendono capace di vivere in armonia con la Natura e con le sue leggi fondamentali.

Domanda: Qual è il ruolo della religione nel rapporto tra l'uomo e la Natura?

AMMA: La religione aiuta l'uomo a mantenere la consapevolezza di non essere separato dalla Natura. Senza la religione, l'umanità perde tale consapevolezza. La religione ci insegna ad amare la Natura. In verità, il progresso e il benessere umano dipendono solamente dal bene che l'uomo fa alla Natura. La religione aiuta a mantenere un rapporto armonioso tra gli esseri umani, tra l'individuo e la società, tra l'uomo e l'ambiente.

La relazione tra l'uomo e la Natura è come quella tra Pindanda (il microcosmo) e Brahmanda (il macrocosmo). Comprendendo questa verità, i nostri antenati attribuirono grande importanza all'adorazione della Natura nelle loro pratiche religiose. L'idea alla base di tutte le pratiche religiose (*acharam*) era quella di creare una stretta relazione tra gli uomini e la Natura. Stabilendo un tale rapporto d'amore, venivano assicurati l'equilibrio naturale e il progresso del genere umano.

Osserviamo un albero: fa ombra anche a chi lo abbatte e dona i suoi dolci frutti a chi gli fa del male. Ma il nostro atteggiamento è completamente diverso. Quando piantiamo un albero o quando alleviamo un animale, siamo interessati soltanto al profitto che ne ricaveremo. Se l'animale cessa di essere redditizio, lo eliminiamo senza esitazioni. Appena la mucca smette di produrre latte, la vendiamo al macellaio. Quando un albero non dà più frutti, lo abbattiamo e usiamo il legno per fabbricare mobili o altri oggetti. L'egoismo regna sovrano, l'amore disinteressato è scomparso. I nostri antenati si comportavano diversamente, sapevano che alberi, piante e animali sono indispensabili al benessere dell'umanità. Essi avevano previsto che l'uomo con il suo egoismo avrebbe dimenticato e trascurato la Natura, sapevano anche che le generazioni future avrebbero sofferto a causa di questa alienazione, per questo legarono ogni rituale religioso alla Natura. Così, attraverso le norme religiose, riuscirono a creare un legame emotivo tra l'uomo e l'ambiente. Gli antichi amavano e veneravano alberi e piante, come il baniano, il bilva (albero delle mele di legno) e il tulasi (basilico sacro), non perché gli alberi producessero frutti e fossero fonte di profitto, ma perché essi sapevano di essere in verità una sola cosa con la Natura.

La religione insegna all'uomo ad amare l'intera creazione. Alcuni ridicolizzano la religione dicendo che è solo una cieca credenza, ma sono spesso le loro azioni, non quelle dei credenti, a procurare alla Natura i danni più gravi. Sono le persone che hanno un approccio spirituale, non i cosiddetti intellettuali, a proteggere, preservare e amare la Natura. Alcuni individui, citando moderne teorie scientifiche, cercano costantemente di provare come qualunque cosa la religione insegni sia sbagliata. In verità, il rispetto e la devozione che gli esseri umani sviluppano attraverso la fede portano sempre beneficio, sia all'umanità che all'ambiente.

La religione ci insegna ad adorare Dio nella Natura. Attraverso episodi tratti dalla vita di Sri Krishna, la pianta di tulasi e la mucca sono diventate molto care al popolo indiano, che le protegge e le cura con amore. In passato, in India, vicino a ogni casa c'erano un laghetto e un boschetto. Tutti coltivavano una pianta di tulasi nel proprio cortile.

Le sue foglie hanno grandi proprietà medicinali, anche se colte e conservate per parecchi giorni non si deteriorano e mantengono queste proprietà. A quei tempi, parte della routine giornaliera consisteva nell'annaffiare il tulasi ogni mattina, inchinandosi di fronte ad esso con reverenza e devozione, venerandolo come un'incarnazione della Dea. In questo stesso modo gli indiani onoravano e veneravano anche altre piante, come il baniano, il bilva e il fico. Il valore medicinale delle foglie di tulasi, conosciuto anche dagli antichi *rishi* (saggi) molti secoli fa, è ora dimostrato da moderni studi scientifici. Ma gli scienziati che hanno scoperto il valore terapeutico del tulasi e di altre piante sacre dimostrano verso la Natura lo stesso amore e rispetto che avevano gli antichi, ispirati dalla loro fede religiosa? Non è forse la fede religiosa, piuttosto che la conoscenza acquisita con le moderne scoperte scientifiche, ad aiutarci a proteggere e rispettare la Natura?

Se abbiamo dieci semi, consumiamone pure nove, ma teniamone almeno uno per la semina. Nulla dovrebbe essere distrutto completamente. Se guadagniamo cento dollari vendendo un raccolto, dovremmo devolverne almeno dieci in beneficenza.

Le Scritture indiane insegnano che il capofamiglia dovrebbe compiere ogni giorno cinque sacrifici (*pancha yajna*). Il primo di essi, il *deva yajna*, consiste nell'adorare Dio, il Potere Supremo, con devozione e al meglio delle proprie capacità. Il secondo è il *rishi yajna*, rendere omaggio ai saggi. Gli antichi saggi che avevano realizzato Dio non permisero che le loro esperienze straordinarie svanissero nell'oblio e, provando compassione per l'umanità, le trasmisero sotto forma di Scritture e altri testi sacri. Uno studio sincero e la pratica degli insegnamenti contenuti nelle Scritture adempiono a questo sacrificio. Il terzo, il *pitru yajna*, consiste nel mostrare rispetto verso i genitori e gli anziani, nel servirli e nel coltivare pensieri pii e benevoli verso i propri antenati. Il quarto sacrificio, *nara yajna*, si compie servendo l'umanità e include tutte le forme di servizio altruistico, come nutrire i poveri e aiutare i malati e gli anziani. L'ultimo sacrificio, il *bhuta yajna*, si assolve servendo tutti gli esseri viventi in quanto incarnazione dell'Essere Universale, nutrendo e prendendosi cura del regno animale e vegetale. Anticamente, i membri della famiglia mangiavano solo dopo aver dato del cibo agli uccelli e agli animali domestici e dopo aver innaffiato le piante e gli alberi. A quei tempi adorare la Natura e i fenomeni naturali era parte integrante della vita umana. Le persone erano sempre pronte a compiacere la Natura, ringraziandola per i suoi doni generosi. Il *bhuta yajna* crea la consapevolezza dell'unità di tutta la vita. Attraverso questi rituali e sacrifici, gli esseri umani imparano a vivere in armonia con la società e con la Natura.

Più della conoscenza acquisita con le moderne scoperte scientifiche, è la comprensione profonda della religione, la verità dell'unità di tutto il Creato, che insegna all'uomo ad amare la Natura e a sviluppare un senso di reverenza e devozione per ogni cosa. L'amore che la religione insegna non è quello comprensibile da un intelletto grossolano, ma è l'amore che fluisce dal cuore ed è recepibile da chi ha un intelletto sottile, nato dalla fede.

Se in un paese c'è un poliziotto, il timore che incute nella gente farà diminuire i furti. Allo stesso modo, il rispetto e la devozione verso Dio aiutano a mantenere il *dharma*, la buona condotta, nella società. Assimilare i principi religiosi e osservarne i precetti ci permette di non commettere errori.

Coloro che sostengono che la religione è solo una raccolta di credenze cieche non si sforzeranno neppure per un momento di comprendere i principi scientifici su cui si basano le pratiche spirituali. La scienza moderna può provocare la pioggia spruzzando ioduro d'argento nelle nubi, ma l'acqua di questa pioggia causata artificialmente potrebbe non essere completamente pura. D'altra parte, le Scritture prescrivono certi riti sacrificali che favoriscono la pioggia. I saggi sanno che la purezza dell'acqua piovana ricavata in questo modo è molto superiore a quella ottenuta attraverso metodi artificiali come l'inseminazione delle nubi.

Allo stesso modo, un cambiamento positivo per l'ambiente e per gli uomini può essere provocato dall'oblazione delle offerte nel fuoco sacrificale. Tutti questi rituali e sacrifici aiutano a ristabilire l'armonia perduta e l'equilibrio della Natura. Come le erbe e le piante ayurvediche curano le malattie fisiche, così il fumo che si leva dal fuoco sacrificale, nel quale sono offerti ingredienti che hanno proprietà medicinali, purifica l'atmosfera. Bruciare incenso, accendere lampade a olio, offrire cibo puro nel fuoco sacrificale o a Dio sono atti che purificano l'atmosfera. Come effetto secondario, questi riti non provocheranno l'inquinamento causato dal cloro e dai disinfettanti che vengono utilizzati per purificare l'acqua e distruggere i germi. Il fumo del fuoco sacrificale aiuta anche a purificare l'apparato respiratorio, rimuovendo il muco e il catarro che ostruiscono le vie aeree.

La scienza moderna sostiene che sia dannoso guardare direttamente il sole durante un'eclissi. Lo stesso avvertimento venne dato dagli antichi *rishi* tanti secoli fa. Usando un metodo primitivo ma efficace, essi guardavano solo l'immagine del sole riflessa nell'acqua in cui era stato dissolto dello sterco di mucca.

Proteggendo e preservando gli animali selvatici e domestici, gli alberi e le piante, proteggiamo e preserviamo la Natura. Gli antichi adoravano la mucca e la Terra e le avevano incluse tra le cinque madri (*pancha mata*): *dehamata,* la madre biologica; *desamata,* la madre patria; *bhumata,* Madre Terra; *vedamata,* i Veda; *gomata,* la mucca. Per i nostri antenati, la mucca non era solo una creatura a quattro zampe, ma un animale sacro, adorato come una forma della Devi, la Madre Divina.

Nessuna religione può esistere disgiunta dalla Natura. La religione è il legame che unisce l'umanità alla Natura. La religione rimuove l'ego nell'uomo e lo rende capace di conoscere e sperimentare la propria unione con la Natura.

Domanda: Che cosa ha provocato la rottura del rapporto tra la Natura e gli esseri umani?

AMMA: A causa del suo egoismo, l'uomo di oggi si percepisce separato dalla Natura. Se una persona si ferisce a una mano, la consapevolezza che entrambe le mani sono "sue" spingerà l'una a confortare l'altra. Ma non abbiamo la stessa sollecitudine quando a ferirsi è qualcun altro, vero? Ciò è dovuto all'attitudine che "quello non è mio". Il muro che separa l'uomo dalla Natura è creato principalmente dal suo atteggiamento egoistico. Egli pensa che la Natura sia stata creata solo per essere utilizzata e sfruttata per soddisfare i suoi desideri egoistici. Questo atteggiamento crea una barriera che separa e allontana. È terribile constatare come il grande sviluppo scientifico abbia portato l'uomo moderno a perdere la sua ampiezza di vedute. Si è trovato il modo di far produrre cento pomodori a una pianta che altrimenti ne avrebbe prodotti solo dieci, siamo riusciti anche a raddoppiare la

grandezza dei suoi frutti. Queste tecniche hanno sicuramente permesso di ridurre in parte la povertà e la miseria, ma l'uomo non è pienamente consapevole degli effetti nocivi dei fertilizzanti e dei pesticidi introdotti nel corpo attraverso gli alimenti. Questi prodotti chimici distruggono le cellule dell'organismo, rendendolo più vulnerabile alle malattie. Le scoperte scientifiche che permettono di moltiplicare artificialmente il rendimento delle sementi e delle piante, senza tenere conto dei loro limiti naturali, hanno come conseguenza anche l'aumento del numero degli ospedali. Nonostante la scienza abbia raggiunto vette inimmaginabili, l'uomo, a causa del suo egoismo, ha perso la capacità di vedere le cose con chiarezza e di agire con discernimento.

È il desiderio egoistico di "avere di più" che spinge l'uomo all'impiego di fertilizzanti artificiali e pesticidi, è l'avidità che gli impedisce di provare amore per le piante. Un pallone può essere gonfiato solo fino a un certo limite, oltre il quale scoppierà. Similmente, un seme non ha una resa illimitata. Se non ne teniamo conto e continuiamo a cercare di aumentare artificialmente la sua produzione, compromettereamo la vitalità e la qualità dei semi, che potranno persino diventare nocivi per coloro che se ne nutriranno. Anticamente, l'acqua e il letame erano sufficienti a far crescere un raccolto. Oggigiorno la situazione è ben diversa. L'uso di pesticidi e fertilizzanti è divenuto parte integrante dell'agricoltura, tanto che il sistema immunitario delle piante e dei semi si è indebolito e ha perso il potere di combattere le malattie. Per contro, i metodi naturali ne rafforzano le capacità difensive.

La religione ci dice di amare umilmente e di avere rispetto per ogni cosa. Le invenzioni scientifiche sono riuscite a incrementare notevolmente la quantità della produzione, ma a discapito della qualità.

Mettere in gabbia un uccello o un animale è come mettere un uomo dietro le sbarre. La libertà è un diritto naturale di ogni essere vivente. Chi siamo noi per privare gli animali della loro libertà? Iniettiamo ormoni in una gallina per ricavarne uova più grandi. La costringiamo a deporre le uova due volte al giorno, rinchiudendola in stabbi bui che vengono aperti periodicamente per farle credere che sia iniziato un nuovo giorno. Ma, così facendo, dimezziamo la durata della sua vita e anche le uova perdono le loro qualità. Il desiderio di denaro e di guadagno ha accecato l'uomo e distrutto la sua bontà e le sue virtù. Ciò non significa che non dobbiamo cercare di aumentare la produzione, niente affatto. Bisogna comprendere che ogni cosa ha un limite e che superare questo limite equivale a distruggere la Natura.

È giunto il momento di pensare seriamente alla tutela dell'ambiente, la cui distruzione equivale alla distruzione dell'umanità. Gli alberi, gli animali, gli uccelli, le piante, le foreste, le montagne, i laghi e i fiumi – tutto ciò che esiste in Natura - hanno disperatamente bisogno della nostra benevolenza, della nostra protezione e delle nostre cure premurose. Se noi li proteggiamo, essi a loro volta ci proteggeranno.

Il leggendario dinosauro e molte altre specie viventi sono scomparse dalla faccia della Terra perché non potevano adattarsi ai mutamenti climatici. Similmente, se l'uomo non è attento, quando il suo egoismo raggiungerà il culmine dovrà soccombere allo stesso destino.

Solo con l'amore e la compassione possiamo proteggere e preservare la Natura, ma queste due qualità stanno rapidamente diminuendo negli esseri umani. Per sentire vero amore e compassione occorre diventare coscienti dell'unicità della forza vitale, sostrato e sostegno dell'intero universo. Questa consapevolezza può essere raggiunta solo attraverso uno studio approfondito della religione e con l'osservanza dei principi spirituali.

Domanda: Qual è il legame tra le pratiche spirituali e la protezione della Natura?

AMMA: Ogni cosa è pervasa dalla Coscienza. È questa Coscienza a sostenere il mondo e tutte le sue creature. La religione ci esorta a venerare ogni cosa, vedendo Dio in tutto. Un tale atteggiamento ci insegna ad amare la Natura. Nessuno di noi si ferirebbe deliberatamente perché sa che questo provoca dolore. Allo stesso modo, sentiremo nostro il dolore degli altri quando in noi nascerà la consapevolezza che ogni cosa è pervasa da una sola e identica Coscienza. Si manifesterà allora la compassione e proveremo il sincero desiderio di aiutare e proteggere ogni cosa. In quello stato, eviteremo di staccare inutilmente anche una singola foglia. Coglieremo un fiore solo nell'ultimo giorno della sua esistenza, prima che i petali cadano. Capiremo che cogliere per avidità un fiore nel suo primo giorno di vita è dannoso per la pianta e per la Natura.

In passato, ogni casa aveva una stanza per l'altare di famiglia. Ci si prendeva amorevolmente cura del giardino intorno alla casa, dove si coltivavano i fiori che venivano poi offerti a Dio durante il culto.

Tutto ciò che ci viene fornito dalla Natura, da cui provengono piante e fiori, dovrebbe esserle restituito con amore. Questo simbolismo, che sta dietro l'offerta dei fiori a Dio, ci aiuta anche ad accrescere la nostra devozione. Eseguire il culto con concentrazione aiuta a ridurre il flusso dei pensieri e questo purifica la mente.

Anni fa, nel giardino o nel terreno attorno a ogni casa, c'era un boschetto con un piccolo tempio. Gli alberi del boschetto, come il baniano, il fico e il bilva avevano proprietà medicinali. Il piccolo tempio e il boschetto erano il luogo di culto per tutta la famiglia. Al crepuscolo, essa si riuniva presso il tempio per cantare i Nomi Divini e recitare preghiere alla luce delle lampade a olio. La scienza moderna ha scoperto recentemente che la musica favorisce una crescita sana delle piante e degli alberi. Oltre a donare beatitudine a tutte le creature, il canto devozionale, se innalzato con amore, porta pace e purezza nella nostra mente. Anche il vento che soffia tra le foglie degli alberi e delle piante medicinali è salutare. Il fumo dello stoppino imbevuto di olio che brucia nelle lampade di ottone e quello delle candele di pura cera d'api uccidono i germi presenti nell'atmosfera. Ma, sopra ogni altra cosa, le preghiere recitate con concentrazione ristabiliscono l'armonia perduta della Natura.

Se una persona comune può essere paragonata a una lampada elettrica, un vero *sadhak* (aspirante spirituale) può essere paragonato a un trasformatore. Rendendo salda la mente e conservando l'energia che altrimenti verrebbe dissipata nella ricerca dei piaceri dei sensi, il *sadhak* risveglia la sorgente infinita di forza che è dentro di lui. Non provando più attrazioni o avversioni, perfino il suo respiro è benefico per la Natura. Proprio come l'acqua viene purificata attraverso un filtro, il *prana* (forza vitale) del *tapasvi* (asceta) è un filtro che purifica la Natura. Nella preparazione di alcuni rimedi, i medici ayurvedici usano una particolare pietra per purificare l'olio che è stato fatto bollire con le erbe medicinali. In modo analogo, la pura energia vitale del tapasvi può purificare la Natura, correggendo gli squilibri creati dall'uomo.

Guardando la Natura e osservando la sua generosità disinteressata, possiamo accorgerci dei nostri limiti e questo ci aiuterà a sviluppare la devozione e ad abbandonarci a Dio. Nello stesso modo, la Natura ci aiuta ad avvicinarci di più a Dio e ci insegna a onorarLo veramente. In realtà, la Natura non è altro che Dio in forma visibile e percepibile dai sensi. Amando e servendo la Natura, adoriamo Dio stesso.

Così come la Natura crea le circostanze favorevoli affinché una noce di cocco diventi una palma da cocco e un seme si trasformi in un grande albero da frutto, essa crea anche le circostanze necessarie perché l'anima individuale possa pervenire all'Essere Supremo e si fonda, eternamente unita, in Lui.

Un sincero ricercatore della Verità, o un credente autentico, non può nuocere alla Natura perché egli vede Dio in tutto ciò che lo circonda, e non percepisce la Natura come altro da sé. Egli è il vero amante della Natura.

Amma direbbe che un vero scienziato dovrebbe essere un vero innamorato: un innamorato dell'umanità, un innamorato di tutto il creato e un innamorato della vita.

Domanda: Quanto è grave la questione ambientale?

AMMA: In passato c'era un tempo prestabilito per ogni cosa. C'erano il mese o la stagione della semina e quello del raccolto. A quei tempi non esistevano pozzi artificiali. I contadini e gli agricoltori dipendevano dalla pioggia e dal sole che la Natura concedeva con magnanimità. Le persone vivevano in armonia con l'ambiente e non sfidavano la Natura che, a sua volta, era sempre benigna nei loro confronti. La Natura era amica dell'uomo. Si sapeva che, se si fosse seminato in un particolare mese, la pioggia sarebbe caduta nel momento migliore e anche il periodo esatto della mietitura era noto. Tutto procedeva regolarmente. La Natura accordava la pioggia e il sole al momento giusto, senza sbagliare. Non cadevano piogge eccessive o intempestive che potessero distruggere il raccolto né vi era eccesso o carenza di sole. Tutto era in equilibrio. Gli esseri umani non cercavano mai di agire contro le leggi della Natura. Comprensione reciproca, fede, amore, compassione e collaborazione regnavano tra le persone. Gli uomini amavano e veneravano la Natura e, a sua volta, essa li benediceva con un'abbondanza di risorse. Solo un tale atteggiamento può consentire a una società di elevarsi come un tutto. Tuttavia la situazione è cambiata.

Le invenzioni scientifiche sono molto utili ma non devono essere contrarie alle leggi naturali. Il danno continuo prodotto dagli esseri umani ha messo a dura prova la pazienza della Natura, che ha cominciato a reagire. Le calamità naturali sono più frequenti. La Natura ha iniziato la sua danza di dissoluzione finale. Le azioni inique commesse dagli esseri umani hanno distrutto il suo equilibrio. Questi errori sono la causa principale delle sofferenze che affliggono oggi l'umanità.

Un ricercatore che inventa e conduce esperimenti ha indubbiamente dentro di sé dell'amore, ma questo amore rimane confinato a un particolare settore, è diretto esclusivamente al campo scientifico in cui egli lavora, non abbraccia tutto il creato. Solitamente, l'interesse di uno scienziato rimane limitato al laboratorio in cui egli opera e agli strumenti scientifici che usa; questa persona non si occupa della vita reale, preferisce cercare di scoprire se c'è vita sulla Luna o su Marte o inventare armi nucleari.

Uno scienziato può affermare di cercare di scoprire, attraverso un approccio analitico, la verità del mondo empirico. Egli seziona le cose per comprendere come funzionano. Se gli si dà un gattino, sarà più interessato a utilizzarlo per la ricerca che ad amarlo come un cucciolo. Gli misurerà il ritmo del respiro, il polso e la pressione arteriosa. In nome della scienza e della ricerca della verità, sezionerà l'animale ed esaminerà i suoi organi. Ma, per fare questo, dovrà ucciderlo, così la vita si spegnerà e ogni possibilità di amore verrà persa. L'amore può esistere solo se c'è la vita. Cercando la verità dell'esistenza, lo scienziato distrugge inconsapevolmente la vita stessa. Davvero strano!

Intervista con Amma

Un saggio (*rishi*) ama davvero perché è immerso nel proprio Sé, che è l'essenza della vita e dell'amore. Egli percepisce vita e amore ovunque: sopra, sotto, davanti, dietro, in ogni direzione. Persino negli inferi e nei mondi inferiori non vede altro che vita e amore, che risplendono e rivestono di gloria tutto il creato. Amma direbbe quindi che è lui il "vero scienziato"; il saggio conduce ricerche nel laboratorio interiore del proprio essere, senza creare divisioni, ma vivendo la vita come un tutto. Egli dimora stabilmente in quello stato in cui l'amore e la vita sono uniti.

Il vero scienziato, il saggio, abbraccia amorevolmente la vita e diventa una cosa sola con essa, non cerca mai di combatterla. Mentre il ricercatore lotta e cerca di conquistare la vita, il saggio semplicemente si abbandona a essa, lasciandosi portare ovunque.

L'uomo si è rivoltato contro la Natura e non ne ha più cura. È interessato soprattutto a esplorare e sperimentare, cercando di superare ogni limite, ma non sa che, così facendo, prepara la strada per la propria distruzione. Si potrebbe paragonare questo comportamento a quello di un uomo sdraiato che sputi in aria: lo sputo gli ricadrà sul viso.

Nella società odierna, l'umanità non si limita a sfruttare la Natura, ma la sta anche inquinando. In passato, in India, quando si vaccinavano i bambini si usava come disinfettante lo sterco di mucca. Se però oggi si facesse lo stesso, la ferita si infetterebbe e la persona potrebbe addirittura morire. Quella che una volta era una medicina, si è trasformata oggi in una causa di infezioni. Il veleno contenuto nello sterco di mucca proviene certamente dall'erba, dal fieno e dai mangimi coi quali nutriamo le mucche.

Oggigiorno non piove più quando dovrebbe. Quando piove, piove troppo o troppo poco, troppo presto o troppo tardi. Lo stesso succede con il sole. Attualmente gli uomini cercano di sfruttare la Natura e questo provoca inondazioni, siccità, terremoti e disastri ovunque.

La qualità della vita è molto peggiorata. Molti hanno perso la fede, l'amore, la compassione e lo spirito di gruppo, la spinta a lavorare insieme per il bene comune. Questo si ripercuote sulla Natura, che cesserà di elargire le sue benedizioni e, se gli uomini non abbandonano questo atteggiamento, si rivolterà contro di loro, anche in modo violento.

Questa è la storia del proprietario di un negozio in cui si vendevano alcolici, che raccomandava sempre alla moglie di pregare affinché Dio inviasse loro più clienti. La moglie ubbidiva, pregando con tutto il cuore. Un giorno, un cliente notò che la donna stava pregando e le chiese di intercedere anche per lui, affinché i suoi affari prosperassero. "Qual è la vostra occupazione?", chiese la donna. "Costruisco bare", rispose l'uomo.

Questo è lo stato attuale del mondo: ognuno pensa solo ai propri interessi.

Domanda: Gli esseri umani stanno diventando una minaccia per l'esistenza della vita sulla Terra?

AMMA: Poiché la Natura serve e protegge amorevolmente gli esseri umani, essi hanno indubbiamente la responsabilità di proteggerla e servirla, ricambiando i doni ricevuti. La scienza moderna afferma che gli alberi e le piante rispondono in modo impercettibile ai nostri pensieri e alle nostre azioni. La scienza ha scoperto che le piante tremano di paura quando ci avviciniamo a loro con l'intenzione di cogliere qualche foglia. I santi e i saggi dell'India avevano già compreso questa grande verità secoli fa, rinunciando nella loro vita a qualsiasi forma di violenza.

C'è una storia nelle Scritture induiste, chiamata Sakunthalam, che illustra questo punto. Un giorno un saggio trovò una bambina abbandonata in una foresta, la portò nel suo eremo e la allevò come se fosse sua figlia. Quando la bimba crebbe, il saggio le affidò il compito di occuparsi delle piante e degli animali domestici. Ella amava le piante e gli animali come la sua stessa vita. Un giorno, mentre il saggio era assente, il re, che stava cavalcando nella foresta durante una battuta di caccia, vide la bella fanciulla, si innamorò di lei e desiderò sposarla. Al ritorno, il saggio lo venne a sapere e con gioia acconsentì al desiderio del re. Dopo la celebrazione del matrimonio, la giovane si accinse a lasciare l'eremo alla volta del palazzo reale. In quel momento una pianta di gelsomino, che lei aveva amato e curato con affetto, si inchinò e teneramente si avvolse intorno alle sue caviglie. Gli animali piansero vedendola partire. Questo illustra come le piante, gli alberi e tutta la Natura ricambino il nostro amore quando ce ne prendiamo veramente cura.

Domanda: È necessario dare ai bisogni degli uomini più importanza che alla Natura?

AMMA: La Natura dona la sua intera ricchezza agli esseri umani. Così come essa si prodiga per aiutarci, anche noi dovremmo fare lo stesso per lei. Questo è l'unico modo per mantenere l'armonia tra gli esseri umani e la Natura. Cogliere dieci foglie quando cinque sono sufficienti è peccato. Se bastano due patate per preparare una pietanza e se ne usa una terza, si agisce indiscriminatamente, e si commette un atto *adharmico* (ingiusto).

Non è sbagliato usare la Natura per soddisfare i nostri bisogni, è lo sfruttamento che cambia le circostanze e rende ingiuste le nostre azioni. In primo luogo, così facendo distruggiamo inutilmente la vita di una pianta, di un animale o di qualunque altra cosa. Secondariamente, impediamo ad altri di trarne beneficio. Qualcuno avrebbe potuto servirsi di questa pianta o di questo animale, forse un nostro vicino che non ha nulla da mangiare. Quando sfruttiamo la Natura, sfruttiamo il nostro prossimo. Avere una casa che ci protegga dal sole o dalla pioggia è certamente una necessità, ma non dovremmo costruirla per esibire la nostra ricchezza e il nostro stile di vita lussuoso. Abbattere gli alberi necessari per costruire un'abitazione non è sbagliato. Un atto diventa ingiusto quando lo compiamo indiscriminatamente, senza alcun riguardo. Spendere in modo eccessivo senza pensare a Dio, il Grande Benefattore, o a coloro che potrebbero necessitare di questo denaro che per noi è superfluo, è moralmente scorretto.

Domanda: Quali sono i passi che la società dovrebbe compiere per evitare la distruzione della Natura e degli animali?

AMMA: È davvero giunto il momento di adottare misure rigorose che impediscano all'uomo di distruggere la Natura e le ricchezze che essa ci elargisce come doni o ricompense per le nostre buone azioni. L'introduzione di norme severe potrebbe essere utile, ma a condizione che le persone le accettino e le seguano. Oggigiorno, persino coloro che sono preposti a far rispettare

le leggi sono i primi a trasgredirle. In ogni città o paese si dovrebbero formare dei movimenti per sensibilizzare la gente al bisogno di tutelare e difendere la Natura. La sola comprensione intellettuale non è sufficiente. Occorre insegnare alle persone ad agire ascoltando il proprio cuore. Gli educatori e i consiglieri di queste associazioni, scelti in base alla loro provata competenza e capacità d'ispirare negli altri il desiderio di praticare gli insegnamenti ricevuti, dovrebbero promuovere l'amore per la Natura e la compassione per tutto il creato e per le sue creature. Solo allora le loro parole porteranno dei frutti. Il sostegno della religione e dei principi spirituali saranno di grande aiuto per riuscire in questa impresa.

I fumi tossici emessi dalle ciminiere delle fabbriche e delle industrie sono la causa principale dell'inquinamento atmosferico. Essi interferiscono con il normale sviluppo delle piante e degli alberi. Le scorie tossiche liberate in queste aree compromettono gravemente anche la salute umana. Si dovrebbero adottare le misure necessarie per proteggere e salvaguardare la vegetazione che cresce attorno alle fabbriche e alle zone industriali. Sono proprio questi alberi e queste piante a pulire e purificare in larga parte l'atmosfera inquinata di questi posti, senza di essi la situazione sarebbe molto peggiore. L'iniziativa di preservare l'ambiente dovrebbe provenire dagli imprenditori e dalle persone che lavorano in queste industrie inquinanti.

Il governo da solo non può fare nulla senza la partecipazione sincera e generosa della popolazione. Perché nasca tale collaborazione, il governo deve agire rispettando la volontà e i desideri di coloro che amano la Natura. I responsabili politici dovrebbero essere mossi dal desiderio di operare per il benessere del Paese e della comunità e non dall'avidità di potere o dal desiderio di un maggiore guadagno. Persone generose, disinteressate e con ampie vedute mentali possono aiutare molto la Natura.

Domanda: Le foreste sono una parte indispensabile della Terra?

AMMA: Certamente. La scienza deve ancora comprendere fino in fondo quanto le foreste influiscano positivamente sull'ambiente. Esse sono parte integrante della vita su questo pianeta, sono indispensabili. Purificano e aiutano a controllare il surriscaldamento dell'atmosfera, assicurano umidità al terreno, proteggono e preservano la flora e la fauna selvatica, ecc.

Per provvedere alle necessità della vita, non è sbagliato abbattere alberi e raccogliere piante medicinali nella foresta, ma queste preziose foreste non vanno sfruttate e distrutte. La Natura sa come proteggersi e prendersi cura di sé. Attualmente, in nome della protezione e conservazione dell'ambiente, noi sfruttiamo la Natura. Gli animali e gli uccelli vivono felici nella foresta, l'uomo è il loro più grande nemico. Distruggendo la Natura, l'uomo distrugge se stesso. Ogni volta che con la scure abbatte un albero, egli prepara inconsapevolmente la propria fine.

Domanda: È consigliabile chiedere aiuto ai Maestri spirituali senza prima cercare di risolvere da soli i problemi attuali?

AMMA: Indubbiamente gli esperti possono aiutarvi a risolvere molti dei problemi che incontrate nella vostra vita professionale, ma solo il potere di Dio può far sì che questo avvenga effettivamente. Affinché qualsiasi cosa accada, occorre la Grazia. Lo sforzo umano, che è un prodotto dell'intelletto, può portarci solo fino a un certo punto, oltre il quale c'è il regno della Grazia di Dio. Non potremo godere delle nostre azioni se non riusciremo a entrare in questa dimensione, che è inaccessibile all'uomo. Il modo migliore per attingere a questa energia è cercare il consiglio e le benedizioni di un autentico Maestro spirituale. Una tale grande anima è la sorgente stessa di quel regno, un'inesauribile sorgente di forza, l'incarnazione stessa del potere e della Grazia di Dio. Gli esperti possono aiutare, ma non sono in grado di benedire e concedere la Grazia. Il supporto di un esperto può non essere sufficiente a produrre i giusti frutti, ma le parole e le benedizioni di un vero Maestro spirituale non falliscono mai.

Non voltatevi mai indietro, non affliggetevi. Guardate avanti e sorridete! Dovremmo compiere ogni azione con la massima fede e vigilanza, ma con un senso di distacco. Questo è ciò che i Maestri spirituali ci insegnano. A cosa serve rattristarsi se la pianta che abbiamo coltivato appassisce? Piantatene un'altra, senza continuare a pensare a quella che avete perso. Rimuginare sul passato indebolisce la mente dell'uomo e dissipa tutte le sue energie.

La mente di un Maestro non è come la nostra, intenta a rincorrere i piaceri del mondo. Essa è come un albero che dona ombra e dolci frutti anche a chi lo abbatte. Benché il saggio consumi la sua stessa vita compiendo azioni altruistiche, come un bastoncino d'incenso che dona il suo profumo agli altri a costo della propria esistenza, egli prova un'immensa felicità nel diffondere amore e pace in tutta la società. Nella nostra condizione attuale, di individui con un grande ego e molti attaccamenti, solo una persona simile può guidarci lungo il sentiero della rettitudine. Questi saggi non sono sulla Terra solo per un individuo, una classe sociale, un credo o una setta. Essi sono qui per il mondo intero, per tutto il genere umano.

Amritapuri, Maggio 1994

www.ingramcontent.com/pod-product-compliance
Lightning Source LLC
Chambersburg PA
CBHW070044070426
42449CB00012BA/3159